- Collection "Nocturnes Théâtre" -

40

La publication de cet ouvrage
a bénéficié du soutien de
L'Hippodrome
Scène nationale de Douai
et de
Théâtre en Scène
Roubaix

Illustration de couverture : Michel Piérart

D/1998/5438/215   ISBN 2-87282-214-3

Nouvelles écritures 2

Lucie
Luc Tartar

Martin
Veronika Mabardi

Le corps liquide
Kossi Efoui

- Lansman Editeur -

Théâtre en Scène et L'Hippodrome

Depuis quelques années, Théâtre en Scène cherche à bousculer cette relation très particulière qui unit l'acteur et le spectateur. Créée en 1996 à Roubaix puis représentée à L'Hippodrome, *Tête de Poulet*, dans lequel le public faisait partie intégrante du décor, était un bel exemple de cette tentative de rapprochement, envisageant le théâtre comme un cheminement commun, une aventure à vivre ensemble, une convivialité à retrouver. Cette démarche rencontre la volonté de L'Hippodrome de créer de nouveaux rapports avec le public.

Le présent projet commun des deux partenaires a pour ambition de toucher un public nouveau, qui se dit que le théâtre est trop élitiste, trop cher... bref, pas pour eux. Ils ont imaginé, autour de l'oeuvre de Michel Marc Bouchard créée cette année (*Le chemin des passes dangereuses),* de commander une courte pièce à trois jeunes auteurs contemporains francophones destinée à être jouée en appartement en amont de la représentation.

◆

Le chemin des passes dangereuses
de Michel Marc Bouchard

Québec - Lac St-Jean. Trois frères que tout a séparés, le caractère, le parcours professionnel, les moeurs. Trois frères unis seulement par le lien du sang. Celui d'un père-poète, ivrogne, mort depuis longtemps déjà.

En ce jour de noces du benjamin, l'aîné décide d'emmener "vite fait", juste avant la cérémonie, ses deux frères en pèlerinage dans le lieu magique de leur jeunesse révolue : "Le chemin des passes dangereuses".

Ils n'en reviendront pas.

Les chemins de l'imaginaire

Il a fallu beaucoup de délicatesse et de respect pour inviter trois auteurs de théâtre à écrire à la périphérie de la pièce du québécois Michel Marc Bouchard *Le chemin des passes dangereuses*.

Le propos était d'inviter trois écrivains francophones à rêver avec nous d'un projet alliant une scène nationale et une compagnie autour de l'écriture théâtrale d'aujourd'hui, en mettant en perspective la langue française.

Ce qui nous a séduits chez Veronika Mabardi, Kossi Efoui et Luc Tartar, c'est leur capacité à l'enthousiasme, leur vrai désir d'écrivain de répondre à une commande, si singulière soit-elle, afin d'en faire une oeuvre à part entière, une étape importante dans leur propre travail d'auteur.

Leurs contraintes étaient les suivantes :
- Ecrire sur les personnages absents, juste évoqués, à peine dessinés dans *Le chemin des passes dangereuses*.
- Ecrire trois pièces en un acte, trois monologues, destinés à être joués en appartement ou dans des lieux non théâtraux.
- Inventer des histoires singulières dont le point de départ est l'oeuvre d'un autre, mais qui ensuite peuvent prendre en toute liberté *"les chemins de l'imaginaire"*.

Une telle gageure nécessite une véritable confiance mutuelle et un vrai goût de l'aventure... Veronika, Kossi et Luc, merci de l'avoir compris et de nous avoir suivis en toute folie !

Marie-Agnès Sevestre
Directrice de l'Hippodrome
scène nationale de Douai

David Conti et Vincent Goethals
Directeurs de Théâtre en Scène
Roubaix

Lucie
ou le fin mot de l'histoire

L'auteur, Luc Tartar

Né en 1963, Luc Tartar est également comédien. Il a joué dans *Le songe d'une nuit d'été* (Shakespeare), *Le bourgeois sans-culotte* (Kateb Yacine), *La ménagerie de verre* (Tennessee Williams)... Il est actuellement auteur associé au Théâtre d'Arras.

Il a notamment écrit pour le théâtre :

- *L'abécédaire ou les compléments de temps.*

- *Starting-blocks.*

- *La bonne franquette* (Bourse d'encouragement du Ministère de la Culture)

- *Les Arabes à Poitiers**

- *Terres arables* (Résidence d'écriture - Chartreuse de Villeneuve-lez-Avignon)

- *Monsieur André, Madame Annick.*

* Création en cours de production au Théâtre d'Arras dans une mise en scène de Stéphane Verrue.

Lucie ou Le fin mot de l'histoire a été créée en appartement à Douai en janvier 1998, dans une mise en scène de David Conti, assisté de Lucie Florengiar.

Avec Nathalie Wojcik.

Lucie

ou le fin mot de l'histoire

Luc Tartar

Lucie, une femme sans âge.

Une perdrix trois étages de gâteaux et quatre ou cinq tonneaux. Traduis-moi ça. Pour deux cents invités y'a pas assez. J'ai dû mal compter. Si on rajoute les petits fours et les chocolats qu'est-ce que ça fait ? A mon avis y'a pas assez. Monsieur le curé nous fera toujours rire mais c'est pas ça qui va nourrir les gens. Bien sûr on va se rabattre sur le gâteau de riz mais après ? Qu'est-ce qu'on va donner à manger à Mamie quand on la sortira de la Simca ? Elle va nous faire une syncope et on n'aura pas de quoi la rattraper. Et faudra pas compter sur moi parce qu'à midi vingt moi aussi je m'écroule... Ris pas de moi Carl. Pour me ranimer on me frotte la peau avec une pleine brassée d'orties. Ris pas de moi. C'est tellement violent. Un mariage il faut que ça tienne la route ou alors on est bon pour Saint-Domingue. Bon. Où est-ce que j'en suis ? Tu entends ? C'est là que je sens un déjà vu : ce besoin de faire le point à tout bout de champ cette façon de dire stop en plein boum... tu entends comme ça lui ressemble ? C'est Maman tout craché. Du sang c'est pas de l'eau Carl. Je récapitule. Du sang c'est pas de l'eau. Continuons ou alors on capitule. Donc notre mariage.

Tout commence au Mac'Do. Jusque là tout va bien. Tu es beau Carl tellement beau... Bon à partir de là ça se gâte. Je veux dire pour le palmier du bac à fleurs mon serre-tête et ma glace à la vanille et aussi pour les patrons du restaurant qui peut-être n'ont pas survécu à l'incendie. On est seuls avec nos plateaux Carl. Moi derrière le bac à fleurs sous la lampe qui me fait comme un rayon de soleil dans les cheveux et toi en face de moi tellement gosse que déjà je me sens mise en dégâts. Tu ne bouges pas tu restes droit tu te perds un peu dans ton cola et moi je dégouline. Je dégouline et je frétille. C'est à croire que tu me sors de l'eau. Ça coule le long de moi des filets d'eau salée et des torrents de larmes qui font craquer mes digues ; une émotion désordonnée qui creuse mes rides et me fait vieille tout à coup comme si dans cet instant il y avait toute notre histoire Carl nos étreintes nos enfants et la mort par la même occasion. Entre nous ça jubile ça frissonne et se tend. Sous nos vieilles peaux nos âmes se sont reconnues. Bientôt elles vont se jeter l'une contre l'autre à nous péter les carcasses. Bientôt nous serons morts broyés à jamais volatilisés clouant sur place nos enveloppes inutiles comme les papillons leurs chrysalides. Déjà mon corps essore ses eaux. Je me tords en tous sens et toi aussi tu te déshydrates. Nous sortons des abysses et tout ça coule de source. Il faut quitter notre élément Carl marcher l'un vers l'autre et nous embrasser. Ou alors on me récupère à la cuiller comme le jour de notre mariage à midi vingt mais c'est une autre histoire... ou c'est la même un peu plus loin. Donc revenons à nos moutons Carl à ton sourire qui me branche sur trois mille volts et à ma glace qui n'en peut plus. Ma tête se fait lourde et je penche en avant. Je crois bien que je vais tomber avec mon plateau la tête la première dans le bac à fleurs. En plein vol comme pour me rattraper tu entrouvres la bouche. Et c'est au moment où j'aperçois à la commissure de tes lèvres une perle de salive que je suis prise de tremblements et que mon bonheur inonde le monde. Je me lâche je me vide et je fais à mes pieds une flaque comme jamais je ne pensais être capable d'en fabriquer. Je pisse. Voilà.

A partir de là ça se gâte vraiment. Je deviens rouge écrevisse. Ça bout dans mon corps des orteils aux cheveux ; je me fabrique là-dedans un mélange détonant de honte et de décharges électriques une tension incontrôlable dont je ne sais comment elle va s'exprimer ni par quel trou ça va sortir. Je tente le cri mais ça ne vient pas. Pourtant ça cogne à l'intérieur pour trouver sa sortie ; je serre les dents et maîtrise le reste cet autre sphincter qui lui aussi pourrait me lâcher le salaud ! Quelque chose va péter ou alors mes plombs. Ce serre-tête me torture et moi dans un étau comme au bord de l'aveu soudain pfft... voilà que ça pète. Je veux dire le feu prend dans mon bandeau. Ouf de soulagement car finalement le cul a tenu. Passez-moi l'expression mais dans ces moments-là on n'est pas dictionnaire. Je crame par le haut et déjà je ne sais plus ce qui me passe par la tête : je lâche mon plateau je plonge dans le bac à fleurs j'arrache le palmier et m'en couvre la tête. Voilà le tableau. J'ai de la terre plein les yeux une forêt vierge et des fumerolles dans les cheveux alentour ça sent l'urine et le cochon grillé... Quelle allure. On dirait le rescapé d'un jeu télévisé qui s'est vu donner dix secondes pour illustrer l'expression "se couvrir de ridicule" et qui ce faisant a crevé l'écran. Tout bonnement on vient de vivre un coup de foudre Carl et moi.

A première vue pas mal de dégâts. Tous les deux sains et saufs. Autour c'est misère. Déjà les premières ambulances. Dis-moi Carl c'est nous ça ou c'est une bombe ? On ne saura jamais vraiment ce qui s'est passé. Ni quoi ni qu'est-ce. On aura beau plus tard essayer de comprendre d'embrasser la scène d'un vaste coup d'oeil pour dire *Ça s'est passé comme ça* on ne retrouvera rien. Pas même la souvenance d'un départ précipité et d'une cavale sous les cris. Parfois je vois une ville en flammes. Un enchevêtrement de poutrelles métalliques et de plafonds déglingués et au beau milieu de tout ça toi et moi avec nos airs d'ahuris et de nouveau-nés. Livide je te regarde. Alors tu m'embrasses. Enfin ! Et alors ça oui ça nous fait décoller. Un rayon de soleil une glace un palmier trois fois rien et nous voilà le feu au cul partis pour le septième ciel mais c'est une hypothèse parmi d'autres. Avec du recul je me dis qu'on a soigné notre mise à feu.

Encore une fois Judith va dire que j'exagère. Elle ne croit pas à cette histoire de grand incendie. Elle ne sait pas ce que c'est que ce feu qui nous parcourt le corps et qui nous prend tout entiers et la ville avec nous quartier après quartier la gare après le parc l'église après la gare et par-dessus le marché les faubourgs la campagne les villages le tout en ligne droite jusqu'à la mer et de là sautant par-dessus les vagues jusqu'à l'horizon... Elle ne sait pas ce que c'est que ce feu qui court maintenant un peu partout dans les docks d'Irlande et les landes écossaises chez les Chinetoques et les Lapons au

Mexique comme au Chili le long de la Cordillère des Andes jusqu'à la Terre de Feu... Judith elle ne sait rien de ce courant entre Carl et moi cette haute tension qu'on trimbale qu'on transpire et qui s'échappe dans les airs embrasant le ciel et les étoiles ce qui fait que la ville se consume jusqu'au bout comme pendant le grand incendie de Rome ou celui de Londres. Judith dit que je me moque du monde. Judith dit que nous n'avons pas pu incendier Rome ou Londres parce qu'alors nous aurions - elle dit - *je ne sais pas peut-être mille ans.* Alors je dis *Dis donc Judith je n'ai jamais dit que nous avions incendié Rome ou Londres. J'ai dit que Carl et moi notre amour c'est comme pendant l'incendie de Rome ou de Londres un feu tellement dément depuis la première étincelle jusqu'à la dernière braise que ça crépite en ravages sur plusieurs générations. Ainsi je sais que nous avons Carl et moi mille ans.* Voilà ce que je dis quand Judith dit que j'exagère. Non Judith ne sait pas ce que c'est que l'amour... Tiens pour la peine on va la placer à côté du cousin Rémi le dadais qui n'a jamais quitté sa mère et qui lui non plus ne sait pas allumer une cigarette.

Papa Maman Mamie Jérémy. Pépère Paula et Béatrice. Raymond avec Sabine. Kevin entre Blandine et tonton Bastien. Vincent avec la vieille Koviak... Qu'est-ce qu'elle fout à la table d'honneur celle-là ? Bof. Je récapitule. Le gros François avec Nénette. Jérôme avec Lili. Victor avec sa dernière et Ambroise avec... Ambroise avec Martin. Quand même je demanderai aux matantes si mes rapprochements sont catholiques. Il faut faire les affaires comme ça doit se faire. Faire tout le protocole. Mettre le monde qu'il faut là où il faut. Ne pas faire d'impair. Qui à la table d'honneur ? Attention aux impairs... Mettre Ambroise avec Martin c'est dire à tout le monde *Ambroise est avec Martin* mais comme personne n'a envie de savoir devant tout le monde qu'Ambroise est avec Martin on ne mettra donc pas Ambroise avec Martin. Et puis j'entends d'ici le holà des matantes. *Dans la vie oh là là c'est une autre histoire chacun fait son lit mais à table c'est convenances.* Ce qui nous sauve c'est que Martin est malade. Il n'a pas fait le voyage. Il n'apparaît donc pas sur le plan de table. Alors on met Ambroise avec Gisèle et tout le monde s'en sort. Sauf Martin parce que dans l'histoire c'est lui qui meurt. Alors c'est entendu : Ambroise dit le discours au banquet et ensuite il court retrouver son gars. On sait bien que dans la vie il leur reste peu de temps pour s'embrasser... Bon. C'est jour de mariage on va pas faire une tête d'enterrement. Il faudrait animer tout ça faire des jeux des chansons. J'ai là une liste d'histoires drôles sur laquelle on peut se rabattre en cas de problème. Carl si ça dégénère après le discours d'Ambroise on pourra toujours foutre le camp ; je ne sais pas moi avancer le voyage de noces par exemple et partir dare-dare à Saint-Domingue. C'est sûr pour les invités ça ferait long feu... Et devant la grande table en flammes j'entends déjà d'ici les matantes. *Holà !*

Pour ces papiers qui brûlent faut pas m'en vouloir Carl. Je travaille bien fort pour les noces : liste des commissions liste des invités - avec les Denis on est déjà à cent neuf sans compter les Durand - liste des cadeaux des hôtels de Saint-Domingue des projets de vacances ou des enfants à faire... Et ici qu'est-ce que c'est ? Qu'est-ce que j'ai écrit ? Voilà. Souvent dans mes listes je n'y vois plus que du feu. Dans ces cas-là j'aimerais avoir le sourire de Maman qui dit *pouce* en plein tourment et qui après y voit plus clair. Bien sûr comme elle je crie *bon où est-ce que j'en suis ?* ... mais comme je sais que j'en suis pas très loin alors je m'affole je prends la fièvre. Maman elle a cette étonnante capacité à poser la question à rester quelques secondes en apnée puis à poursuivre son bonhomme de chemin comme si de rien n'était tout juste vacillante. Et aujourd'hui elle est encore debout. Comme par miracle. Moi je suis tombée un jour à midi vingt quand j'ai appris que tu ne viendrais plus... Ça fait combien de temps que t'es parti Carl ?

Depuis dans mes listes je m'embrouille tu sais. Je confonds la liste de mariage avec les ingrédients pour le gâteau de riz la liste des invités avec celle des prénoms pour un premier enfant. Ici je prends un verre pour une assiette le placard de la salle de bain pour la porte d'entrée et je pleure comme une sotte dans ma baignoire en attendant de retrouver ma sortie. Je perds ma lumière. Ris pas de moi Carl. Ou alors j'arrache mes listes. Tiens je fais des petits bouts des confettis qui tombent en petits tas sur le plancher et puis je brûle le tout avec l'espoir de lire dans ces papiers qui partent en fumée comme d'autres lisent dans le marc de café. Et ça marche ! Regarde. C'est dans ces moments-là que tu m'apparais Carl. Dans cette lumière qui tremble. Ton visage comme un fanal qui balise ma route. Ainsi avec mes listes je retrouve la mémoire et je tiens la distance.

Le pourquoi de ton absence un haut-le-coeur et cette brassée d'orties dont on m'a couvert le corps. Je voudrais bien savoir quel est l'imbécile qui m'a mis ça à même la peau. Histoire de me réveiller paraît-il ou de conjurer le sort. C'est stupide. Il faut dire qu'à midi vingt tout le monde déménage. Pardi. Apprendre tout de go que tu ne viendras plus ça en choque plus d'un. Moi la première. Je reçois la nouvelle dans l'estomac me décroche la mâchoire dans un cri qui ne vient pas et m'effondre dans les hortensias. Comme d'habitude j'ai fait pipi... Ah c'est pas rose tous les jours.

Le quarante-trois ce sont les verres à liqueur ; le trente-huit ce sont les couteaux. Personne n'a choisi les dessous de plat ; c'est embêtant. A dix heures Judith arrive en faisant une réflexion sur ma robe. *C'est quoi ça comme matière une sorte de grosse maille non ?* ... Je t'en foutrais moi de la grosse maille. Tu vois pas que c'est la housse ? J'ai enfilé la robe avec sa housse pour pas faire de tache avant la cérémonie. Du coup on me fait des farces. Ambroise dit que j'ai l'air d'un préservatif dans mon plastique. Ris pas de moi Carl. Ces gens n'ont pas le sens pratique. Quand tu sauras qu'en plus de sa réflexion Judith nous offre des couteaux tu comprendras qu'il vaut mieux se préserver. *Oui je sais bien on dit que ça porte malheur d'offrir des couteaux pour un mariage mais avec ces histoires stupides on finit par ne plus avoir de service complet. Avec tous mes voeux de bonheur ma chérie.*

Là-dessus il est dix heures et quart et Mamie nous met le grappin : une histoire de table d'honneur à laquelle je ne comprends rien. On a du mal à la suivre depuis ce matin. Il faut dire qu'on l'a oubliée dans la Simca en allant chercher le bouquet et qu'elle a frôlé la syncope. Heureusement elle s'est endormie et c'est tant mieux parce qu'on n'avait pas de quoi la rattraper. Enfin... La voilà qui m'offre sa bague de fiançailles c'est toujours ça de pris. Et dans la foulée *C'est curieux cette grande tige avec ces boules autour. C'est le bouquet ?* ... Le bouquet. Quel bouquet ? Ah mon Dieu qu'est-ce que c'est que cette horreur ? Papa s'est trompé de bouquet ! Chez le fleuriste il a pris ça : une espèce de grande tige avec des boules autour. C'est affreux je ne veux pas de ça. Nous c'est l'autre le petit avec les marguerites. *Mais qu'est-ce que tu as fait toi* demande Maman. Papa dit *J'ai un trou.* A huit heures dix il est parti en catastrophe avec la liste et depuis c'est le trou noir. Dans la famille on a toujours eu des problèmes avec les listes. Du sang c'est pas de l'eau Carl. Donc je récapitule. Aller chercher Mamie. En passant s'arrêter chez Derlot pour les petits fours emprunter la B.M. entre neuf et dix heures laisser la Simca chez tonton sans oublier Mamie à l'intérieur de la Simca. En revenant passer chez le fleuriste pour le bouquet acheter du riz pour l'église et des chocolats pour Monsieur le curé... Quand tu vois la tête de la liste tu devines qu'il y aura des ratés. Finalement tout s'est arrangé : Mamie le bouquet et même le riz qu'on avait prévu pour jeter à la sortie de l'église et que cette folle de Judith a cru bon de faire cuire. *Ah mais je ne savais pas moi je croyais que c'était pour manger. Bon. Qu'est-ce qu'on va en faire maintenant ?* Comme d'habitude c'est Maman qui a l'idée : on refile la casserole à Monsieur le curé en faisant passer le tout pour un gâteau de riz et le tour est joué. *Je ne sais comment vous remercier* nous dit Monsieur le curé et puis aussi *Je vous attends à midi.* Donc notre mariage. Le quarante-trois ce sont les verres à liqueur ; le vingt-neuf ce sont les dessous de plats ; le trente-huit ce sont les couteaux. Ô Carl à midi vingt je tombe dans les hortensias et c'est avec ces couteaux-là qu'on me frappe le coeur. Ainsi je te rejoins sur ce chemin des Passes-Dangereuses et c'est ensemble que nous marchons la vie. Mais nous n'en sommes pas là... Donc je récapitule : c'est notre mariage Monsieur le curé nous attend à midi il est midi moins le quart et chez la fiancée c'est le branle-bas de combat.

Tu es beau Carl. Tellement beau. Et dans l'encadrement de la porte d'entrée tu ressembles à un dieu descendu de l'Olympe. Aujourd'hui tu as vingt-sept ans et le talent du bonheur. C'est notre mariage et bientôt tu vas partir avec tes frères pour un petit tour avant la cérémonie. Vous n'en avez pas pour longtemps. C'est un petit tour en camion comme un tour de manège pour calmer des enfants. Mais avant tu tiens à m'embrasser. Tu es là dans l'encadrement de la porte d'entrée resplendissant dans cet habit de mariage que nous avons choisi ensemble. Sans doute as-tu sonné. Mais chez la fiancée c'est le branle-bas de combat et personne n'entend. Aussi tu restes là le petit bouquet de marguerites à la main frappé de stupeur - il y a de quoi - devant ces énergumènes qui s'éreintent à la tâche et se donnent tant de mal. Et dans ce brouhaha personne ne voit que tu es là... Moi je sens bien quelque chose au fond de moi. A nouveau ça bout dans mon corps des orteils aux cheveux. Je sais ainsi que tu n'es pas loin. Je tente le cri mais ça ne vient pas et comme d'habitude c'est Maman qui a le dessus avec un tonitruant *Il est midi moins cinq !*

Qu'est-ce que tu veux faire devant ça ? C'est comme un signal d'alarme. Il n'y a plus qu'à courir à perdre haleine à s'enfuir le plus loin possible de cette stridence et en effet nos départs précipités ont quelque chose à voir avec une fourmilière déboussolée. C'est à qui claquera les portes à qui fera volte-face à qui ouvrira puis fermera violemment des tiroirs des armoires des placards et jusqu'au panier de la salle de bain dans lequel on farfouille sans réfléchir peut-être à cause de l'expression "laver son linge sale en famille". On cherche un chapeau un manteau n'importe quoi pour ne pas revenir bredouille devant l'adjudant-chef Maman en personne qui pendant ce temps-là vient de tomber sur toi l'intrus le marié dont on n'a pas encore besoin le fiancé qui tombe comme un cheveu dans la soupe. *Ah Carl ! Mais qu'est-ce que vous faites là ?* Le petit con de futur beau-fils qui trône dans l'encadrement de la porte et qui ne sait donc pas l'ahuri qu'il ne doit pas voir la mariée

parce que ça porte malheur ? *Maman il veut voir Lucie !
Ah non* répond Mamie *vous n'avez pas le droit ça porte
malheur. Lucie ma chérie cache-toi ! ... Papa retiens-
le ! ... Elle n'est pas là vous voyez bien qu'elle n'est pas
là ! ... Carl reprenez-vous vous ne passerez pas ! ...
Maman attrape-le ! ... Ah ! Au secours !* Et moi je suis
là-haut agrippée au panier de linge sale avec mes images
de poutrelles métalliques et de ville en flammes comme
électrocutée par cette haute tension qui parcourt la
maison en tous sens s'empare de l'escalier et gagne sans
prévenir le premier étage en direction de la salle de
bains. Et c'est à l'instant même où tu ouvres la porte
pour me prendre dans tes bras et pour m'embrasser que
je suis atteinte de plein fouet et que je comprends ce qui
va nous arriver. Alors ça coule le long de moi des
torrents de larmes et je deviens vieille sur-le-champ car
je vois tout dans cette étreinte Carl ; ton *Je t'aime* et ta
mort par la même occasion.

Ça se passe à midi vingt et moi je tombe dans les
hortensias. Jamais je n'aurais dû te laisser repartir.
Pendant un certain temps je suis moi-même dans une
mauvaise passe. Sous le choc ça déménage pas mal. Un
jour je suis petite fille et mes cousines me poussent dans
les orties derrière la serre tropicale au fond du jardin. Un
autre je suis vieille et je promène mes doigts tordus sur
la mappemonde qui fait lampe de chevet au pied de mon
lit. Où es-tu Carl ? As-tu seulement reçu mes lettres ? Je
les envoie un peu partout avec l'espoir qu'un jour tu
tombes sur l'une d'entre elles dans un boui-boui un
marché un bureau de poste qui sait ? Où es-tu ? Au
Bangladesh aux Antilles ou dans une forêt
norvégienne ? Je n'ai jamais pu suivre ton itinéraire
avec exactitude. Où traînez-vous donc toi et tes frères ?
Sur quelle grand-route ? Dans quelle vallée interdite ?
De quel trafic vivez-vous désormais ? Etes-vous
chercheurs d'or dans un désert aride ou grands
manipulateurs devant l'Eternel ? Etes-vous prisonniers
des Comanches ou tombés dans un ravin non
répertorié ? De grâce Carl réponds-moi : est-ce toi qui
me fais face ? Es-tu là au pied de mon lit ? Cette forme
sans queue ni tête n'a pas grand-chose à voir avec ta
splendeur qui trônait dans l'encadrement de la porte

d'entrée... Et pourtant oui il me semble bien reconnaître là un sourire familier une perle de salive une larme d'argent. Aïe ! Je crains encore une fois que mon bonheur inonde le monde. Ris pas de moi Carl ou je vais me faire gronder par la garde de nuit. Assieds-toi là. Causons un peu. Et d'abord dis-moi si enfin tu viens me chercher. Tu sais on peut sortir par la porte du jardin et faire le mur. A toutes fins utiles j'ai là un plan d'évasion et j'emporte aussi la liste des pensionnaires. Il y en a là-dedans deux ou trois qui sont récupérables et qu'on viendra sauver une autre fois. Donc tu me fais la courte échelle je saute le mur du garage et je m'étale par terre. C'est trop bête. Le manque d'entraînement sans doute ou alors la précipitation. Attends un peu. Je n'arrive plus à respirer. Il s'est passé quelque chose qui m'a donné un coup dans l'estomac. Carl où es-tu ? C'est un camion en flammes. J'ai besoin de souffler car je vois votre camion en flammes. Ne t'en va pas Carl. Reste avec moi. Sous le choc je déménage pas mal mais je vais revenir à moi. Déjà on me frotte la peau avec une pleine brassée d'orties. Je vais me réveiller. Enfin je vais pouvoir crier me débarrasser de ce cauchemar. J'ouvre les yeux. Je vois Maman qu'on soutient et j'entends pleurer Papa. Quelqu'un dit *Il faut être courageuse ma chérie. Ils ont eu un accident.*

Morts. Ils ont pris le volant et se sont envolés. A-t-on jamais vu ça ? Lucie est un australopithèque un machin vieux comme le monde une petite femme recourbée qu'on voit trotter dans la savane et qui se pend aux arbres. As-tu déjà entendu ça ? Lucie a trois millions d'années. Morte la grand-mère traîne sa bosse et nous raconte ses histoires. *Comment j'ai rencontré mon vieux singe au point d'eau. Comment nous avons vécu d'amour et d'eau fraîche. Comment bêtement j'ai perdu sa trace et comment depuis j'ai bouffé de la vache enragée.* C'est une sacrée grand-mère notre Lucie. Une conteuse hors pair qui bavarde à coeur ouvert. Chaque jour c'est un flot de paroles qui tombe dru sur la terre un souffle irrésistible une histoire à l'eau de rose qui court les rues depuis des millénaires et qu'on se passe de bouche à oreille *Notre grand-mère commune a perdu son vieux singe. Qui saura le lui retrouver ?*

Ni les grandes découvertes ni les photos satellites n'ont permis d'apaiser sa douleur qui désormais se transmet de mère en fille : c'est une armada qui hante les plaines une cohorte de vieilles folles qui se jettent sur le sol et qui creusent la terre à la recherche d'un sourire édenté d'un paquet de cigarettes ou d'une médaille militaire. Les hommes sont morts. Ils ont roulé trop vite ou ils ont fait la guerre. Morts. A-t-on jamais vu ça ? C'est par bataillons entiers qu'ils tombent comme des mouches. Leurs tombes sont des jardins qui fleurissent à nos pieds des jungles carnivores qui s'attaquent à nos jambes et nous empêchent de marcher. Là-bas le long du grand rift une femme s'est penchée sur sa descendance et découvrant alors des corps spongieux dans des fondrières au milieu des betteraves sucrières ou des champs de riz elle a poussé un cri et s'est laissée tomber inanimée livrant à la terre goulue et à la réflexion des survivants ses os de première femme et ce râle animal *Ô le fin mot de l'histoire.*

Vous avez trouvé Lucie par terre mais je sais bien moi que ma grand-mère a toute sa tête. Comme elle je suis veuve et inutilisée. Comme elle je vais traîner ma bosse ma carcasse. Du sang c'est pas de l'eau. Je vais te suivre à la trace Carl et je finirai bien par te retrouver. Je vais prendre des voies rapides des chemins de croix aux noms évocateurs chemin des Passes-Dangereuses ou bien chemin des Dames un parcours à la noix parcours des combattants et des accidentés semé d'embûches et de voitures en flammes une route en surplomb de l'enfer un itinéraire de casse-cou qui finira par débouler sur les lieux du drame : au fond d'un défilé un camion couché sur le flanc des roues qui tournent à vide et le bruit d'un torrent.

Cette rivière qui coule c'est pas de l'eau Carl. C'est du sang. Les hommes sont morts. Ils ont roulé trop vite et dérapé à cause d'une perdrix. Le voilà donc ce fleuve des enfers. Un ruisseau tumultueux au bruit assourdissant. Et dans ce grand vacarme j'entends venir des larmes. Ne pleurez pas garçons. Il est midi vingt-cinq et vous avez eu un accident. Stoppés dans votre élan vous êtes éparpillés au bord de la route désormais incapables de recoller les morceaux et de rejoindre la noce qui vous attend. Ne pleurez pas. Nous partons à votre recherche. Il est midi trente ou trois heures et quart. Peu importe. Le ressort est cassé et de part et d'autre nous sommes en miettes. Les plus courageux tiennent le choc et organisent les secours. La noce se répartit dans les voitures. Quant à moi je suis déjà sur place. Du fond de mes hortensias j'ai volé jusqu'à toi. Ris pas de moi Carl. J'ai pissé comme au premier jour mais je ferai face. Lucie en a vu d'autres et je tiens de ma grand-mère. C'est elle qui m'a montré la voie et ton sang goutte à goutte. A quoi sert-il d'aller chercher du secours puisque je suis là ? Je tiens dans mes mains ton visage arraché. J'ai ton coma à bras-le-corps. Tu es beau Carl. Une perle de salive et ta poitrine qui respire. Encore. Encore. Ma robe de mariée te servira de linceul. Une perdrix trois étages de gâteaux et quatre ou cinq tonneaux. Traduis-moi ça. Ça veut dire un mariage en compote des invités qui descendent des voitures et font claquer les portes et des matantes blêmes qui du haut de la route découvrent l'envers du décor : en contrebas on aperçoit vos corps à bout de souffle et vos âmes en suspens.

Quelqu'un dit *C'est fini*. J'entends pleurer Papa. Papa Maman Mamie. Jérémy. Pépère Paula et Béatrice. Au fil du temps Carl nous finirons par remporter des victoires sur nous-mêmes. Raymond avec Sabine... Je sais que tu es là. Ce petit rien qui part en fumée. Cette flamme qui vacille. Encore. Encore...

Noir

Martin

L'auteur, Veronika Mabardi

Née en 1962 à Leuven, Veronika Mabardi a une formation de comédienne. Membre fondatrice des Ateliers de l'Echange, elle y joue, met en scène et écrit, de 1986 à 1996. Depuis, elle écrit et met en scène. Elle est également enseignante dans le cadre des Humanités-Théâtre à l'Académie de Court-Saint-Etienne et Ottignies-Louvain-la-Neuve.

Elle a notamment écrit :

- *Ici ou ailleurs.* Nouvelles, inédit

- *Cassandre Graffiti.* Lansman, 1990

- *Conjonctions.* Théâtre, inédit

- *Titre provisoire*. Lansman, 1993

- *Madeleine.* Théâtre, inédit

- *Maljoyeuse.* Roman, inédit

- *Les pavillons*. Théâtre, inédit

Le texte qui suit est une version revue pour l'édition. Il diffère de la version jouée dans le cadre du projet d'écriture, difficilement communicable comme telle à l'écrit. Cette version est toutefois disponible chez l'auteur.

L'auteur remercie Michel, Fabienne et Xavier, et bien sûr David et Eric.

Martin a été créée à Douai en appartement en janvier 1998, dans une mise en scène de David Conti, assisté de Lucie Florengiar.

Avec Eric Beauchamp.

Martin

Veronika Mabardi

Le plateau est vide. Visibles, les projecteurs et les machineries. Pas de coulisses. Pas de décors. Sur le plateau, un espace de jeu est encadré par un trait de craie ou une zone lumineuse. Le comédien arrive, de passage, une valise à la main. Jeune, en costume de ville. Il n'a rien d'autre que son corps pour convoquer, évoquer, donner à voir Martin.

Ce qui reste de Martin tient dans une valise. Quelques poignées de cendres, une liasse de feuilles, des mots et des dessins, quelques photos, quelques vêtements, des objets dont il n'a pas réussi à se défaire avant de mourir, un instrument de musique appelé "bâton de mer". Le comédien pose la valise au centre de l'espace de jeu. Autour, il y a des rues, des villes, des pays, d'autres hommes qui ne sont pas morts et qui ne savent rien de Martin. Le comédien quitte l'espace de jeu, s'adresse aux spectateurs.

Ce qui reste d'un homme. Avec son silence.

Enfant, Martin parlait aux arbres. Il criait au bord de l'eau, hurlait des mots de bonheur. Aux gens, il ne parlait pas. Il préférait les toucher en silence.

Ambroise, il l'a connu à quatorze ans, l'âge où on commence à comprendre de quel corps on a hérité. Ambroise avait tiré à la loterie un corps à cacher, un corps pour rire ; Martin découvrait dans les yeux des filles son corps à faire rêver. Ambroise affamé de beauté, s'enivrant de mots ; Martin plongeant du haut des falaises, riant de la peur dans les yeux d'Ambroise. Le rire de Martin devant son miroir, la douceur de Martin à la nuit tombée, le silence de Martin face aux mots d'amour.

Le comédien se place à la limite entre l'espace de jeu et le dehors. Il s'adresse à la valise. Avec précaution d'abord, comme on parle à un animal qui risque de s'enfuir. Les premiers mots sont entourés de beaucoup de silence (les interroger en les disant, les répéter, si nécessaire, pour qu'ils retrouvent leur substance). Peu à peu, l'intimité entre Martin et le comédien se crée et la fluidité revient.

Toi.

Ce que je sais : ton nom, Martin.

Ambroise. Celui des jours, du temps qui passe, ta vie. Ambroise, une maison : tu y reviens toujours et tu fermes la porte sur vous. Ambroise et toi.

L'autre. Un inconnu, croisé, pris, un soir, une histoire parmi d'autres histoires, parce que tu n'en as jamais assez des gens que tu croises, que tu n'envisages pas d'en rester là, de les croiser simplement et qu'ils restent des inconnus. Le monde est peuplé d'eux et tu n'as pas assez d'une vie pour les apprivoiser et les séduire.

Je ne sais rien de ton corps.

La maladie. Statistiques et descriptions, mais ton corps, mais toi, ton absence. Malade, tu ne l'as pas toujours été. Mais aujourd'hui, ceux qui te regardent ne t'appellent plus par ton nom. Ils disent *Ce malade*. Malade. Est-il possible de parler de ta vie en oubliant cela : tu vas mourir (je t'entends chuchoter *Toi aussi tu vas mourir*) et ta vie mène à cette mort.

Les personnages de théâtre ont un destin.

Toi, une vie, une mort et le hasard qui guide. Ton rire.

(Il entre dans l'aire de jeu. Rit. Ouvre la valise)

Je te parle. Je ne sais pas où vont les mots que je dis. Il faut que je sache, mon désir, ma peur. Ma place ici. Est-ce que je peux traverser ma vie comme on traverse une place publique ?

J'ai une incantation très vieille au bord des lèvres. Jadis, il suffisait de placer un objet au creux d'une clairière et de dire l'incantation pour convoquer les morts.

Dans quel endroit ailleurs qu'ici te parler sans parler seul ?

Cette nuit-là, Ambroise t'avait repoussé. Ambroise avait ri - tes éclats de bonheur, l'arrogance de ta naïveté : *Mon ami, mon amour, Ambroise, mon frère, ce soir j'aime le monde, ce soir le monde m'éblouit, il n'y a pas assez de place dans mon corps pour le contenir et toi... tu serres les poings et tu veux le détruire.*

Ambroise était sorti chercher l'oubli dans une chambre obscure, back-room anonyme des boîtes de nuit, rencontres brutales qui attristent et soulagent. Tu ne l'as pas accompagné. Tu connais. L'ivresse, les odeurs mêlées, les yeux fermés, à attendre que quelque chose se déchire. Ambroise t'a appris l'égarement, la rage de prendre, d'enfoncer les ongles et les dents, de se laisser prendre et vider.

Toi, dehors, ce soir-là, les mains vides, aspirant la nuit, tes pas t'ont ramené dans cette gare, à l'escalator au pied duquel tu avais rencontré Ambroise.

Il riait fort. Il parlait cru, et cette façon de se frapper le front à chaque parole d'intimité. Toi, arrivé par hasard ; tu n'étais pas de cette ville où Ambroise t'a gardé. Il s'est tu quand tu t'es approché. Il a cessé de se frapper le front et t'a suivi. Des mois d'apaisement avec Ambroise, à t'échapper pour toujours revenir.

Quand tu t'échappais, Ambroise sur tes traces - une parodie de l'amour - sa silhouette en bas de l'immeuble, il guettait tes allées et venues. Un pacte avec lui : *Je suis auprès de toi mais je m'appartiens, cesse de me vouloir pour toi seul.* Des mois d'apaisement, d'échappées et de retours, et puis...

La nuit du ricanement d'Ambroise, tu es retourné au pied des escalators et tu as vu un type. Il se tenait à l'écart.

Tu es passé devant lui une première fois. Il ne baissait pas les yeux. Alors tu t'es approché. Il avait faim. Au bistrot de la gare, tu lui as offert un sandwich emballé dans du cellophane. A la radio, une chanson de Lou Reed : "Promène-toi du côté sauvage".

Tu n'as pas beaucoup parlé avec l'inconnu cette nuit-là. Tu as déambulé avec lui dans le quartier de la gare. Les femmes fatiguées appuyées aux façades. L'accent du Nord du tenancier du bistrot ouvert toute la nuit. L'accent du Sud du chauffeur de taxi. La bière et le comptoir sale. Le monde. Comme il t'appartient comme il t'éblouit.

La maigreur du garçon accoudé au comptoir, qui sursaute dès que tu t'approches, ses hésitations dans le petit matin, à la sortie du café. Avec lui, l'autobus, les voix sur les trottoirs, arabe et français mêlés, les disputes, les nouvelles du bled, les visages blêmes, les faces grises arrachées à la nuit.

Vous êtes entrés dans la chambre d'hôtel, vous n'avez pas ouvert le lit.

Une parenthèse, sans un mot échangé, un vertige. S'endormir blotti.

Tu as ouvert les yeux vers midi, la chambre était sans ombres. Tu as vu les consignes à suivre en cas d'incendie, les avertissements : *La direction décline toute responsabilité...* et le corps maigre étalé sur le lit, plus jeune que tu l'imaginais dans la pénombre, presque un enfant, pas de marques de fatigue ou de désillusion. Reposé, ce corps dont tu connais l'abandon et la sauvagerie. Tu hésites à le réveiller, à l'attirer vers toi, à chercher sa bouche.

Tu penses à Ambroise dans la chambre noire, à son refus d'attendrissement, à ses cuirs et ses images de sexes dressés. Aux cauchemars d'Ambroise, à ses mensonges, ses haussements d'épaules et ses nausées quand il se lève et qu'il enfile son costume de jour.

Le garçon t'a quitté après t'avoir dit son nom. Un nom que tu ne répéteras pas. Un secret, comme ces nuits qui n'appartiennent qu'à toi, loin des sarcasmes d'Ambroise, de sa vigilance, de son incapacité à saisir la beauté ailleurs que dans ces tableaux qu'il achète et vend au plus offrant.

(Temps)

Quand tu reviens dans cette chambre, un an plus tard, tu sais.

Tu connais le nom de ce qui est à l'intérieur de ton corps et ce qui t'attend : l'épuisement et la douleur. Tu ne reconnais pas la chambre, le plafond repeint, le soleil sur le dessus de lit et l'odeur d'eucalyptus dans les tiroirs de la table de chevet. Tu cherches le rapport entre cet instant d'ivresse et la maladie. C'est ce que je crois.

Ce matin-là, dans cette chambre, ton corps t'appartient pour la dernière fois. Tu sais, mais tu ne sais rien de ce qui t'attend, de ce que tu apprendras de toi dans les semaines, les mois qui viennent. Alors tu choisis le silence. Tu congédies Ambroise, tu fais ta valise, tu entres à l'hôpital. Tu te tais durant des semaines, et un jour, tu parles.

Les premiers mots, quand tu recommences à parler seul, c'est - je crois - tu dis *Mon corps...*

Les mots ont du mal à sortir. Une économie de forces, parce qu'il y a beaucoup à dire. Les points de suspension remplacent les mots que Martin ne peut pas prononcer, c'est le temps dont il a besoin pour effacer les mots de l'ironie, du découragement ou de la rage, et en trouver d'autres. Le temps qu'il faut pour accepter de prononcer les mots du cauchemar sans s'apitoyer. Le temps de la lutte de Martin avec lui-même, sa fatigue, sa peur. Parfois, il sort un objet de la valise et le considère en silence.

Mon corps...

Ambroise, Ambroise, Ambroise... tu dors, tu... m'écoutes, tu as dit mon nom en te... couchant.

Le téléphone. Il sonne tous les jours à quatre heures, je l'entends, c'est toi.

Une infirmière vient et dit... que tu as appelé, que tu... attends un signe. Je dis non. Tu ne me verras pas, mon corps...

Mon corps est devenu un champ de bataille. Leur terrain d'expérimentation. Ils essaient leurs armes et leurs stratégies... sur moi, mais... ce n'est pas à moi qu'ils ont affaire, c'est à ce terrain que l'ennemi conquiert peu à peu. Ils guettent les... progrès de l'ennemi dans mes veines, sur ma peau. Dans mes poumons.

Le nom de... la maladie, ils ne le prononcent pas. Ils disent *Ce n'est pas une maladie, c'est une absence de défenses.* Mon corps est une armée rendue à l'ennemi.

Dans la chambre d'à côté... l'ennemi attaque sur un autre front. La chambre d'à côté est remplie de cris et de larmes. Ici, j'essaie qu'il n'y ait pas d'autres bruits que les allées et venues du bataillon et des cantinières.

Je te parle, Ambroise, je crois que tu m'entends. Je parle et tu sens ma présence.

Je veux parler des arbres. Mais je n'ai pas le temps. Je veux te parler des visages humains. Ici, je vois des masques et des yeux.

Il faut que je parle d'Irène. Mais la Moustachue d'abord. C'est une règle de mon père : *Le meilleur pour la fin, la délivrance au bout.* La délivrance ! Ils ont essayé de me le faire croire, ils m'ont envoyé un... prêtre. Une autre stratégie contre l'ennemi : l'espoir. Est-ce que l'ennemi est dans mes propres pensées ?

J'ai renvoyé le prêtre, ils ont fait venir la psychologue. *Elle est jolie, la psychologue*, a dit la Moustachue, *ça nous fera une petite distraction.*

La Moustachue n'a pas de masque. Elle parle fort. *On* a bien dormi ? *On* va se laver maintenant ? *On* va prendre son médicament ? Et je ne sais pas si... c'est à moi qu'elle parle, ou à la maladie.

On va changer de position ? Et c'est parti pour une petite danse avec mon corps mou. Pendant la petite danse, elle ne dit rien. Elle fait son travail.

Il y a cette odeur. *On* pue, la maladie et moi. La Moustachue n'a pas l'air de sentir. Elle vaque, remplace... la perfusion, remplace le plateau du repas.

Un jour... elle remplacera l'étiquette sur le lit avec le même entrain. Et puis elle repart avec les chocolats qu'*on* ne veut pas manger, parce qu'*on* n'aime pas ça. *On* a des drôles de goûts : ni les jolies filles ni les chocolats... C'est comme ça.

C'est impossible que tu viennes, Ambroise. Que tu ailles au guichet et que... qu'on te dise *Chambre quarante-trois, au cinquième*. Et qu'on... te regarde avec ces yeux- là. Les yeux des passants, quand tu me prenais par l'épaule, les yeux des gamins à travers les grilles du parc, quand ils criaient *Eh tapette !* avant de s'enfuir.

Si tu veux comprendre, tous les hôpitaux ont un cinquième étage. La même odeur, les masques et les gants. Va ailleurs, va voir, va entendre ; tu ne sais rien du monde. Mais pas ici. Je ne veux pas t'apprendre ça, je veux... trouver autre chose que ça, la laideur et la honte.

Il y a des mots que je ne dirai pas, le courage... c'était peut-être de les dire mais... ris.

Je veux parler des souvenirs. De ce qu'il faut savoir pour se sauver du froid. Et je ne peux parler que de... linge sale et de plateaux repas, de prêtres et de psychologues. Bon. Irène.

(Silence)

Irène, la stagiaire. Stagiaire-aide-soignante. Celle qui vient le vendredi. Celle que l'interne guette. Le vendredi ! L'interne prend son temps. Il se penche sur moi, plus sur l'ennemi. Irène a compris, elle est là quand... c'est mon tour sur sa feuille de route.

Il vient chez moi après la chambre des gémissements, c'est sa récréation. Et si Irène plaide les calmants, il donne les calmants.

Où est le bonheur dont je voulais parler ? Celui qui reste à vivre, les éclaboussures de soleil ? Il faut épuiser tout le reste, d'abord. Tenir.

Ecoute, Ambroise, sors maintenant, regarde, va dehors. Dehors ! Regarde et oublie un moment de comprendre.

Tenir. Jusqu'à vendredi.

Stagiaire, ça veut dire qu'elle nettoie et c'est tout. Elle vient, elle s'en va. Repas et médicaments. Elle me lave et reçoit un rapport. Son salaire. Une note pour le soin, une note pour l'efficacité, une note pour le comportement...

Le premier jour d'Irène, voilà, elle entre. Avec bassine, linges, éponges stériles. Le masque à l'envers. On lui a dit *La quarante-trois, il n'est pas très abîmé, voilà la bassine et l'éponge, commence par les yeux.*

Tout ce qui entre ici est propre. Tout ce qui sort est souillé. Par moi.

Irène, on l'avait prévenue : *Pas d'angoisse, il ne parle pas. Il laisse faire. Chante, si t'es gênée.* Elle entre. *Bonjour, moi, c'est Irène, je suis la nouvelle...* Et puis elle se tait.

Le masque cache la bouche, on voit le dégoût et la peur dans les yeux. Le reproche.

J'ai arrêté l'affaire des visites : cette déception dans leurs yeux, ils ont beau sourire dans le masque, les yeux sont déçus. *Qui c'est, ce type couché là qui ressemble à Martin ? Martin était doux à toucher, qui c'est l'usurpateur ? Qu'est-ce qu'il a fait de son odeur ?*

Irène, non. Autre chose. Elle a préparé sa phrase pour un monstre et elle voit Martin. Et après, l'odeur. La panique : comment faire avec ce corps-là à laver ?

Elle s'avance pour sourire et elle trébuche. Pas d'obstacle, pourtant. Ça n'empêche pas le bassin de tomber ; dans la flaque, l'éponge et les larmes d'Irène et le masque qui flotte.

La Moustachue, dans le couloir : *Qu'est-ce qui se passe au quarante-trois ?* Moi qui parle... incroyable, je parle : *Tout va bien.*

Elle ne pouvait plus s'arrêter de pleurer. Moi, dressé tout à coup, incroyable, je retrouve des forces pour lui montrer la réserve de torchons. Une gamine à genoux sur le lino, qui ramasse l'eau en tremblant.

Après il faut qu'elle me lave : elle est là pour ça. Alors je parle. Ma voix de gosse mal pris : *T'inquiète pas, bientôt tu deviendras comme la Moustachue, tu feras ça comme on fait la vaisselle en pensant à ton amoureux.* Elle recommence à pleurer : *J'en n'ai pas, d'amoureux.*

Pardon.

Et elle aussi *Pardon !* parce qu'elle doit commencer, me... déshabiller.

Alors, elle fait ça : elle enlève ses gants. D'abord elle dit *Je voudrais enlever ces gants.*

Les bacilles, Ambroise, le plus inoffensif m'atteint et me tue. Irène, qui n'est pas malade, Irène, ses mains... un danger pour moi ; les larmes d'Irène, sur ma peau, un danger. Elle ne risque rien en me touchant, mais moi... de mourir un peu plus vite alors... je lui dis *Enlève ces gants.*

Irène.

Les premières mains vivantes qui me touchaient depuis l'isolement. Des mains sur ma peau, Ambroise, comme il y en a tous les jours sur toi, tu ne les sens même plus.

Celles que tu serres distraitement le matin, celles que tu effleures quand on te rend ta monnaie, la main de ta mère sur ta joue, la main de ton frère sur ton cou.

Des mains avec des ongles, des cicatrices aux doigts, des grains de beauté. Ma peau... est à vif, le mal creuse ma peau, elle doit me donner de la morphine avant de... Mais je ne veux pas ça, la douleur, ces choses que tu sais, cette laideur, Ambroise, je pourrais... Ces nuits... Ça ne te servirait à rien ; les plaies, les cris, d'autres l'ont dit, et tu es vivant dehors.

Mais Irène. J'étais son premier homme nu. *Tu peux être fier.* Je le suis, est-ce que tu peux comprendre ?

L'amour d'Irène et le rire avec Irène parce que vraiment, c'est incongru - ça - dans une chambre d'hôpital entre les yeux éteints de la Moustachue, l'infection et... les... c'est incongru.

Depuis ce jour-là, j'attends le vendredi. Irène me parle des autres, la quarante-cinq, la quarante-quatre, le couloir. Les femmes, les enfants, leur passé déposé entre les mains d'Irène. Du dehors, nous ne parlons pas.

Tenir. Je crois que je tiendrai ma carcasse entière jusqu'à un vendredi, pour être le premier mort d'Irène.

Je n'ai plus honte de ces pensées. Celles que tu m'empêchais d'avoir. Ce sont les seules qui me restent. Avec le souvenir de ton corps. De ce moment, au pied de l'escalator, dans la gare. Les souvenirs, ici, il n'y a personne pour les entendre.

Dans cet endroit, je ne supporte pas ma mort. Dans la forêt, au bord de l'eau, je pouvais envisager ce monde sans moi. Ici, c'est impossible.

Ils pensent que si je suis là, dans cette merde, c'est forcément que j'ai fait une erreur quelque part. Que la nature... évacue les erreurs de la nature. Personne ne le dit, ça suffit comme ça, cet épuisement de mon corps et cette douleur, il est trop tard... mais on ne sait jamais, ça pourrait faire baisser le moral - il y a un match à jouer, on dirait.

Leurs précautions, Ambroise, leur silence, comme s'il n'y avait pas de questions à poser, comme si tout était normal, moi couché et eux qui s'affairent autour de moi.

Je me souviens des mots dans les cafés quand rien ne se voyait. Ces mots qu'ils disaient et qu'ils disent encore, dehors, ça appartient à un autre temps.

Ils disent *Cette saloperie, on l'attrape parce qu'on l'a voulu* ; ils disent *Ça ne tombe pas sur n'importe qui. C'est une affaire d'aiguilles pas propres ou de... déviation. Une maladie de... punis, de pas propres.* C'est ce qu'ils pensent. Sans ça, ce serait injuste, et il faut à tout prix que ça tourne, le monde, et qu'il soit juste, pour continuer à sortir de chez soi, pour ne pas trébucher, avancer, peu importe comment et vers où, mais avancer. On cherche ses solutions où on peut.

Moi, je suis arrivé. Je n'irai pas plus loin qu'ici.

Tu es en train de boire ton chagrin, de souffrir en ricanant, comment tu pourrais ne pas souffrir ! Ça te ferait honte de rire ; et pourtant.

Aujourd'hui c'est... le mariage de ton frère et de la petite Lucie qui a l'âge d'Irène, c'est le jour où tu retournes avec eux - trois frères - aux Passes dangereuses, pour les souvenirs d'enfance, la réconciliation. Je ne serai pas là, tache à leur fête, comme un rappel à la raison : il y a autre chose à faire que de se déguiser pour échanger des serments. D'autres pactes que ceux des registres, d'autres illuminations que les draps de noces, d'autres amours et d'autres morts que le doux départ après une vie de lutte, comme cette mort vivante après une vie de... rires et... d'éblouissements.

Non ! Efface ça, ce que j'ai dit. Oublie ces mots-là. Ils font du tort. Ils serviront à ceux qui croient que la justice c'est de payer quand on a joui. Je hais les mots que je dis.

Qu'est-ce que je peux faire de ma vie aujourd'hui, pour qu'elle échappe à la logique que vous voulez lui donner ?

Je veux parler de l'eau douce du lac, quand je me suis jeté de là-haut et que ma mère a crié. Des battements du coeur de cette fille, sur le bord, quand elle m'a serré dans ses bras. Celui qui a sauté de là-haut pour elle. Moi.

Le danger. Ça aussi, ils le brandissent, le goût du défi. Ecoute : avec cet inconnu-là, ce n'était pas mon corps exposé au danger pour connaître la limite. Ce n'était pas un essai de vaincre la pesanteur. C'était une erreur, une distraction qu'on laisse faire, un découragement. Pas lui contre moi, la distraction ; lui contre moi, c'était prendre le monde et le faire chanter dans mes bras.

La maladie révèle. La confusion. La méfiance. Le besoin de croire. Elle donne un sens à leurs litanies : *En ne prenant aucun risque, on s'en sortira. En restant tapis, on ne souffrira pas.* Et peu à peu la maladie devient autre chose qu'elle-même, elle devient l'image d'une peur humaine, de ta peur, Ambroise, de la lâcheté.

La souffrance pour le pécheur et l'immunité pour les justes.

Les pécheurs, ceux qui ne font pas comme les autres... nous, le cinquième étage. Il suffit de nous garder à l'abri des regards. Rien ne viendra troubler la tranquillité dehors, tant qu'on sera ici, la quarante-quatre, la quarante-cinq, la pouponnière, à... mourir entourés de masques et de gants, l'essentiel... ce n'est pas nous empêcher de souffrir mais gagner la lutte contre l'ennemi ; et nous... une aubaine, parce que nous sommes malades de mille maladies... rares... dont ils peuvent observer l'évolution sur notre corps. La peau surtout.

La malédiction, ce n'est pas la maladie, c'est ce qu'il y a autour... et ce refus de... ma mort au milieu d'une forêt.

Bon. L'humour.

L'humour ici, c'est avec Irène. C'est la Moustachue. Cet humour-là ne te ferait pas rire. Donc, j'oublie.

J'ai une liste de choses à te dire aujourd'hui. Arbres. Nuages. Cette nuit avec l'autre, dans cette chambre, un cadeau de la vie, une nuit avec celui-là qui parlait de son île.

Je ne veux pas te rassurer, Ambroise, pas te bercer dans les nuages, je veux m'endormir au creux d'un arbre. Ce n'est pas le plaisir qu'on a eu qui m'a rendu malade, ce n'est pas mon infidélité. C'est un virus. Cette maladie, je ne peux pas y croire. Elle pourrit tous les mots que je dis.

Quand cesse la peur pour moi, commence la peur pour le monde, la peur de ceux qui viendront vous expliquer que c'est un mal nécessaire pour que les hommes retrouvent la pureté. Une nouvelle lèpre de Dieu. Une loi pour les justes.

Honte aux hommes impurs et réduits au silence.

Aujourd'hui, si quelqu'un a peur de ton regard, il pourra se donner raison : tu as aimé l'ennemi. Si quelqu'un se dérobe à la main tendue, il pourra faire semblant de se protéger d'un virus. Si quelqu'un a honte de son sexe fragile, il pourra se justifier. Toutes les lâchetés, à partir de ce jour, sont permises. Et tout est à recommencer.

A recommencer, le chemin qu'on a fait tous les deux, l'apprivoisement dans le bruit des rues, les torrents de paroles pour épuiser la peur. Recommencer l'avancée pas à pas dans le silence, la lutte : ce désir de poser sa tête au creux d'une épaule et la crainte d'être dévoilé, ce besoin d'être pris et cette peur de perdre. Nausée.

Cette chose qu'on a découverte à deux, l'abandon, la réconciliation avec le monde, cette liberté. Cette caresse qui donne un sens à notre existence d'humains. Tout est en danger aujourd'hui. Scandale de cette maladie. Scandale des hommes qui confondent une épidémie et un destin. Cette colère ne me quittera pas. Mais elle ne sortira pas d'ici. Viens me rejoindre, viens m'écouter. Viens... prendre mes paroles et les porter dehors. Viens entendre les gémissements de la quarante-quatre et va porter l'inquiétude. Fais mon oraison funèbre : *N'allez pas en paix ; l'homme est un loup pour l'homme, l'ennemi est dans les mots qu'il invente pour calmer sa peur.*

Et dis la douceur. Le besoin d'un corps contre un corps dans la nuit, notre première nuit au milieu de la gare, casse la honte comme tu casserais les murs de ces chambres que le juste contourne parce qu'elles enferment l'inconnu, la bête. Un humain n'est rien sans la chaleur d'un autre humain. Il n'y a aucune raison valable de fuir.

Le matin où Irène a enlevé ses gants, elle a dit *En te touchant, je risque de vouloir te toucher encore et de me blesser le coeur. Je n'ai pas peur de vouloir te toucher encore. Je sens cette odeur comme toi. Elle me rend malade. Me donne envie de vomir. Ce n'est pas ton affaire. Raconte-moi la plus belle histoire de ta vie, pour faire passer l'odeur. Qu'est-ce que je peux apprendre de toi, qu'un autre ne m'apprendra pas ?*

Je lui ai dit - j'ai essayé - cette illumination près des escalators. Ce premier moment où je t'ai reconnu. Toi, Ambroise, toi, celui qu'on appelait "le gros" à l'école, la même classe, toi devant, moi derrière. Toi, dont les gars se moquaient parce que tu arrivais toujours trop tard pour attraper le ballon, le corps trop lourd pour grimper en haut de la corde. Toi, l'intello, chaque chose qu'on disait te rappelait un poème. Toi sans père, toi qui aimais les peintures et qui nous barbais avec tes théories sur la lucidité. Toi, toi, toi dans ta chambre, plutôt que d'aller baratiner les filles au snack, parce qu'avec les filles ça ne marchait pas. Toi et tes yeux d'affolé. Ton mépris parce que j'osais me jeter au cou de ma mère à la sortie des classes et que ça ne faisait rire personne. Je glissais sur les rampes d'escalier. Je grimpais aux arbres en hurlant de bonheur.

Quand je t'ai croisé ce soir-là, j'ai ri. Tu as repris la figure de la honte que tu avais chaque fois que tu montais au tableau, tu as cru que je riais de toi. Je riais de nous deux dans ce nid de pédés.

Ambroise et sa littérature avec Martin gagnant au rugby, Ambroise et ses rêves d'amour sur papier, Martin en tête de liste dans le coeur des filles. Martin et Ambroise sur un banc, qui ne savent pas par où commencer. Les mêmes. Perdus. Immobiles sur orbite du monde qui tourne. Il n'y a pas de règles, je le savais. Pas de logique à ce désir-là, d'un autre corps d'homme. Je riais de bonheur.

On a parlé.

On n'avait jamais échangé plus de trois phrases et on a parlé jusqu'au matin.

On a même oublié de se toucher, premièrement.

Et puis, sur un banc du quai, quand tous les mots ont été épuisés, tes mots d'ironie, ta haine de l'espèce humaine et des filles du snack, mes mots d'ivresse, de curiosité - moi, celui qui veut tout essayer, si les méduses piquent, si je sais voler, si les filles ont un autre goût que les gars - ton goût pour le vide et ma folie de l'océan, ton monde comme une machine qui broie, mon monde comme une jungle à explorer, tes reproches, mes reproches, tes désirs, mon désir, notre honte.

Quand on a tout dit, tu te lèves et moi aussi. Quand on se prépare à se suivre, comme c'est la coutume entre ceux qui se rencontrent ici, au lieu d'y aller, on s'arrête et on se serre l'un contre l'autre pendant une éternité. Qui a pris l'autre comme un frère et qui était l'enfant de qui ? A se serrer l'un dans l'autre jusqu'à ne plus savoir où finissaient nos corps. A ne plus savoir comment se lâcher, à savoir seulement qu'on aurait pu être n'importe qui dans les bras de n'importe qui, quelqu'un, vivant, contre quelqu'un, bonheur comme une consolation.

Nous, au milieu du quai, au milieu de la ville et les trains du matin, entre la cité administrative et le centre commercial, nous, vivants. Personne pour rire de ton corps démodé, personne pour rêver de mes épaules nues. Juste quelqu'un avec quelqu'un dans les bras et les larmes.

C'est cette chose que j'ai dite à Irène. Je ne lui ai pas dit la nuit et les gestes. Seulement ça : quelqu'un contre quelqu'un et la joie. Et Irène a répondu *Aujourd'hui je sors d'ici en chantant. Je fais une marque rouge sur mon miroir. Je vais chez le tatoueur pour qu'il grave un soleil dans ma main.*

Elle m'a laissé seul dans la chambre, le goût de tes lèvres au creux de ma langue, le souvenir de tes jambes, de tes bras, notre arrogance dans les autobus, notre ivresse dans les rues, notre clandestinité savourée : le bonheur est indécent.

Irène m'a laissé là avec cette envie de toi qui ne finira pas, qui ne sera plus autre chose qu'un souvenir. Son soleil tatoué dans sa main et moi vide, sans forme, une autre semaine sans toi, avec la Moustachue.

J'avais couvert le souvenir de silence et Irène a tout réveillé. La douleur et la curiosité. L'amertume. Je dirai à la Moustachue *Dites-lui voilà, c'est le signe, qu'il vienne.*

J'ai des mots à dire, la psychologue ne veut pas les entendre, la psychologue est une fonction. Une autre stratégie des gens d'ici.

(Temps)

Je voudrais vivre encore un peu.

(Temps)

Je lui ai demandé, à la psychologue, si elle se préparait à sa mort, si quelqu'un l'accompagnait sur le chemin. Elle m'a laissé parler. J'ai essayé sarcasmes et confidences, que quelque chose ait lieu comme avec Irène. Elle m'écoutait, c'est son métier. Elle, lisse, hors d'atteinte. Elle m'écoute et puis elle se confie à quelqu'un d'autre qui l'écoute, lisse, hors d'atteinte. Qu'est-ce qu'on peut faire de ça ? Je préfère te parler, à toi.

Quand j'étais intact, quand tu étais en rage, tu disais *Je ne comprends rien à ton envie d'être au monde.* Maintenant je pourrais te le dire, mais tu n'es pas là.

J'étais au creux de toi avec mon corps comme j'ai été au creux d'Irène avec les mots. Je ne renonce pas. Mais j'ai perdu le chemin pour arriver au creux de moi-même, mon corps...

(Il quitte l'espace, regarde la valise)

C'est ce que tu disais, je crois. Tu as éparpillé tes souvenirs - ce qui reste d'un homme, avec son silence - et tu as vu qu'à cela, il n'y avait aucun sens.

Mon corps n'est pas malade. Je me tiens parmi les hommes. J'attends.

Noir

Le corps liquide

L'auteur, Kossi Efoui

Né en 1962 à Anfoin (Togo), il vit actuellement en France. Depuis 1990, la plupart de ses pièces ont été mises en lectures, publiées, traduites et bien sûr créées en France et dans plusieurs autres pays.

Il a notamment écrit, pour le théâtre :

- *Le carrefour.* in Théâtres Sud 2, L'Harmattan, 1990

- *Récupérations.* Lansman, 1992

- *La malaventure.* Lansman, 1993

- *Le petit frère du rameur.* Lansman, 1995

- *Que la terre vous soit légère.* Le bruit des autres, 1995

- *Happy end.* in Brèves d'ailleurs, Actes Sud, 1996

Il est également l'auteur d'un roman, *La polka*, à paraître aux editions du Seuil (Avril 1998).

Le corps liquide a été créée à Douai en appartement en janvier 1998, dans une mise en scène de David Conti, assisté de Lucie Florengiar.

Avec Nadine Pouilly

Le corps liquide

Kossi Efoui

1.

Une femme âgée.

Et ils vécurent heureux, entourés de beaux enfants... Le conte est fini. Le premier qui me dit *Ne raconte pas ta vie*, c'est le même qui me tue à chaque fois. Je récapitule. Je me suis enfuie du jardin où deux cents invités attendent. C'est un geste qui m'a échappé. Ça m'échappe depuis longtemps, les gestes, n'importe quel geste : le manger, le boire, le lever, le coucher... Ça m'échappe, le sentir, le toucher... Cette impression que tout mon corps déborde à l'infini au moindre geste, et je parle, et je parle et là... J'arrête.

Je récapitule. D'abord je suis assise. Obligée de récapituler pour être au clair avec le tronc et les membres pour appeler tête une tête. Sinon tout se décompose. On est mort. J'ai dit *Assise*.

- Et avant ?

- Avant j'étais debout.

- Et avant ?

- Avant j'ai couru. Je me suis enfuie du jardin où deux cents invités attendent encore.

- Et c'est là que tout a commencé...

- Non. Je ne suis pas là où tout a commencé.

- Alors avant ?

- Je ne sais pas. Ce n'est pas moi qui devrais être là où je suis. Pourquoi moi ?

- Pourquoi moi n'est pas une question quand il est question de prouver son innocence.

Je me pince. Je me lève. Depuis quatre heures, je baisse les yeux de plus en plus, en pensant *Merci, merci de ne pas remarquer que je baisse les yeux de plus en plus*. Je suis debout. Exact. Je regarde l'heure. Exact. A chaque geste, son nom. Obligée de nommer chaque geste pour retenir mon corps, pour empêcher qu'il déborde. C'est tout.

C'est comme ça depuis la mort du père. Je ne dis pas que c'est lié. Je dis que c'est utile pour dater. Mort du père, début de mon malaise. Date : zéro trois. Zéro un. Quatre-vingts. Il faut dire *malaise* pour ne pas dire *maladie*. Ou *mal* parfois, toujours pour ne pas dire *maladie*... C'est le mot qu'on avait choisi pour le père : on disait *son mal*. Quand on évite à ce point de parler maladie, c'est qu'il y a arrière-pensée, qu'on pense à faux malade. Moi, je dis *Personne ne chante faux ; certains chantent simplement une autre chanson, c'est tout*. Presonne ne parle pour ne rien dire. C'est qu'on insulte quelqu'un au hasard... Il n'y a pas de faux malade. Seulement un malade qui n'est pas conforme.

Je lève le bras gauche. Je regarde l'heure. Je repose le bras gauche. Exact. Il ne faut pas que je m'égare. C'est ce que j'ai pensé il y a quinze ans, quand j'ai appris la mort du père, quand j'ai bien dû comprendre ce que voulait dire *L'hypothèse de sa mort est solide, Madame*.

Madame, elle ne s'est pas tordu les dix doigts des deux mains, elle n'a pas levé les deux yeux au ciel, elle n'a pas tremblé de la tête jusqu'aux deux genoux. Elle a pointé du doigt, un *Dehors !*, rien que de l'index gauche, à l'annonceur officiel de mauvaises nouvelles. *Dehors, par la fenêtre, et vite...* Il a reculé soudain, et les meubles aussi ont reculé, et le mur derrière lui, et tout a reculé soudain, avec cet espace vide laissé entre moi et tout.

Quand la rue s'est mise à reculer avec ses autos et ses passants, j'ai compris. Il n'y avait que moi, il n'y avait que moi qui reculais ; toute cette agitation, c'était moi seule, "zoommée" par mon propre geste retourné contre moi, à ne plus pouvoir le faire, ce geste... à en oublier jusqu'au nom qui le désigne, ce geste... jusqu'au nom qui désigne la partie de mon corps qui le fait, ce geste... incapable de dire ce que, toute entière, je faisais là.

Où suis-je ?

Il ne faut pas que je m'égare. C'est ce que j'ai pensé pendant tout ce temps où j'ai reculé sans fin par la faute d'un geste que je n'ai pas su rattraper au vol. Et je me suis retrouvée comment ? Couchée sur le ventre ? Je me suis retrouvée comme touchée sur le dos. Je ne me suis pas retrouvée. Je me suis ressentie. Sensation de geste, sensation de corps qui déborde. Si j'en suis revenue ? Je ne sais pas comment. Si j'en suis morte ? Je ne sais pas. Je sais que mes yeux se sont posés sur ma main posée par terre, à côté... que mon doigt a arrêté de pointer quand ma bouche a enfin articulé comme une trouvaille :

Ma main
Voici ma main
Elle a cinq doigts
En voici deux
En voici trois...

2.

D'abord, assise. Et avant ? Ce matin ?
Il va être six heures. Debout, debout.
Il va être sept heures. Vite, vite.
Il va être huit heures. Chaussettes.
Il va être neuf heures. Chapeau, ruban, bijou, et...

Et à chaque geste je me dis *Ce n'est pas moi qui devrais être là*. Et depuis ce matin, depuis huit heures, puis dix heures quarante-cinq, je baisse les yeux de plus en plus devant deux cents invités qui encombrent le jardin. Et quand je suis obligée de lever la tête - parfois je lève la tête - je lève en même temps les deux bras. Clic clac et flash, je me masque le visage avec mon polaroïd et je vole le visage de Monsieur Malaurie, *Bonjour et merci*. Merci à Monsieur et Madame Chanzy entourés de leurs beaux enfants : Valentin surnommé le Grand Duduche et Annick la Filousse ; à Monsieur et Madame Gras, parents de la fiancée ; au Révérend James ; à Monsieur Charpentier, parrain de quelqu'un ; à Monsieur Schultz, autre parrain ; à Monsieur Ovidio qui n'est parrain de personne, qui écrit ses mémoires, qui est invité parce qu'on l'aime bien. "On" c'est-à-dire feu le père et le fils, le frère du frère de celui qui se marie. Egale trois fils. Et le fils invite Monsieur Ovidio que son père aimait bien, enfin... aimait bien le militant, surtout persécuté, surtout exilé, surtout demeuré fidèle, et caetera. "Et caetera", c'est de moi. Le père n'a pas dit ça. Surtout pas "et caetera". ... Monsieur Ovidio se versait un verre et lisait pour la millième fois la dernière phrase de ses mémoires : *Réveillez-vous, les enfants ! Nous avons enfin ruiné le marchand de sable.*

Je ne m'égare pas. Où mon bras gauche ? Où mon bras droit ? Aucun geste ne m'a encore échappé ? ... J'ai brandi les deux poings. Exact. J'ai les deux poings brandis. Exact. Et avant ? Avant, assise. Et avant ? Avant, clic clac et flash dans le jardin, mon polaroïd pour me masquer le visage devant Monsieur Ovidio, Monsieur Schultz, Monsieur Charpentier, Monsieur et Madame Gras, Monsieur et Madame Chanzy, Madame Vaillancourt... deux cents invités qui attendent depuis quatre heures que mes fils se ramènent avec leur marié de frère, avant que la mariée ne se pende. Et moi je pense *avant qu'ils n'aient tous les trois un mort de plus sur la conscience*. Un mort de plus, c'est bien ce que je pense. Soudain, le Révérend James dit *Il va être la neuvième heure*. Ça sonne comme une phrase célèbre. Cette impression qu'on l'a déjà entendue, déjà, et toujours mille fois compris ce qu'elle signifie, tellement les mots sont simples comme dans la phrase célèbre de Jésus cloué : *Eli, Eli, lama sabactani*. Ce qui veut dire en araméen *Père, père, pourquoi m'as-tu* et caetera. Dieu se tutoie dans la douleur, c'est le Révérend qui l'a lu quelque part.

Il a peut-être dit *Il va être une heure*. Ce qui est facile. Facile de prédire l'heure. Moi, j'ai entendu une phrase de son célèbre sermon pascal : *Il va être la neuvième heure... Entre la sixième et la neuvième heure, dans les Evangiles selon Matthieu, Marc, Luc et Jean, entre la sixième et la neuvième heure, les ténèbres ont couvert toute la terre. Il va être la neuvième heure et le Christ va crier, et le Christ va crier...*

Je récapitule.

Un jour, il y a longtemps, le père est entré dans l'église en titubant, juste à ce moment-là. Il a crié :

Certes, je sortirai, quant à moi, satisfait
D'un monde où l'action n'est pas soeur du rêve
Puissé-je user du glaive et mourir par le glaive !
Saint Pierre a renié Jésus... et il a bien fait.

Et l'assemblée a désapprouvé le père, l'a honni, lui et son nom, et son surnom, et son prénom, et son nom de famille, et sa filiation, et sa réputation. Le père traînait depuis longtemps cette réputation de poète public. Et le Révérend James, ahuri, a cru comprendre que ces quatre vers étaient un blasphème de sa composition. Il a crié *Anathème !* et le père a répondu *Baudelaire*. Je crois que c'est depuis ce moment précis où il allait être la neuvième heure que ses fils se sont mis d'accord pour le détester, ce poète dont tout le quartier disait que c'était une chose à pas croire. Détesté, j'ai dit ? Non, méprisé d'abord, puis dédaigné, donc évidemment insulté dans le dos. Dénigré, ce poète qui prenait trop de place, qui prenait trop de place jusque sur le chemin de l'école où ses enfants étaient moqués. *Ha ! ha ! Les braillards du type qui déclame.*

Depuis ce moment précis où il va être la neuvième heure, depuis que l'assemblée l'a désapprouvé et que tout le quartier l'a récusé, les fils ont eu envie de tuer le père. C'est banal. J'ai ri parce que je suis la mère, que j'ai assez longtemps regardé leur visage et leurs mains pour qu'ils m'apparaissent familiers. On dit ça. On dit familier pour ne pas dire quoi ?

3.

Je récapitule à partir du moment où le silence s'est installé dans le jardin. Je récapitule à partir de tout à l'heure quand quelqu'un a dit qu'il va être une heure, une heure précise ou une heure quelconque, qu'il a dit ça comme une prédiction, puis comme une sommation et qu'il y a eu des phrases mortes dans toutes les conversations et...

Et puis silence. Je me lève. Je baisse les yeux de plus en plus. Je revois une vieille image d'un film. *C'est épouvantable*, dit la jeune fille dans le film. Et la salle rit. Cette façon peut-être qu'elle a de tenir sa robe de mariée des deux mains pour libérer ses pieds agités. *C'est épouvantable*. Et la salle rit. Quelque chose d'inadmissible dans son regard qui cherche le fiancé à rôtir, s'il s'était enfin trouvé là. La salle rit.

Silence donc. Je suis dans le jardin. Je suis debout. Quelqu'un dit dans ce silence *Elle ne sait pas se tenir*. J'ai su alors que chaque geste de ma part pouvait se retourner contre moi. Un pas et les yeux se déplacent. Un pas de plus et les yeux se déplacent. Je m'arrête. J'ai deux cents paires d'yeux. Je ne lève pas la tête. Si je lève la tête, je suis immédiatement contrainte de lever aussi les bras pour masquer mon visage avec mon polaroïd. Je ne lève pas la tête. Je ne lève pas les bras. Chaque geste pourrait se retourner contre moi. C'est ce geste qu'ils attendent tous, un geste que personne ne saurait nommer. *Elle ne sait pas se tenir*. C'est vrai. Obligée de nommer chaque geste pratique pour reconnaître mon corps. Ça s'appelle s'agiter, s'agiter jusque dans le sommeil. Quel est ce geste qui s'appelle fermer l'oeil la nuit ?

Vite, comment s'appelle courir ? Comment s'appelle secouer ? Comment s'appelle frissonner ? Comment faire ? Comment s'appelle faire ? Comment s'appelle mourir ? Mourir ne s'appelle pas. Pointer du doigt...

Je récapitule. J'ai pointé du doigt, comme ceci, comme pour dire *Dehors* et, comme il y a quinze ans, tout a reculé soudain. Et moi aussi. A n'en plus pouvoir de reculer sous les regards, jusqu'à ce qu'il n'y ait plus de regard... Je ne sais plus qui est dehors... Où suis-je ? Le père disait que *c'est la seule vraie question, la seule, première et dernière question, celle qui reste à poser dès qu'on a reçu un coup de poing à la mâchoire ou dès qu'on est sorti du ventre de maman - l'expulsion, ça s'appelle. Et alors ?*

Jusqu'ici je récapitule pour ne rien oublier de tout ce qui ne va pas sans dire. Manger ne va pas sans dire. Bouger ne va pas sans dire. Bonjour ne va pas sans dire. *Bonjour !* Mon corps, dedans dehors, ce n'est que ça : quelque chose à rappeler.

Ma main
Voici ma main
Elle a cinq doigts
En voici deux
En voici trois
Celui-ci le petit bonhomme
C'est mon gros pouce qu'il se nomme.

4.

Je n'ai jamais attendu. Quel est ce geste qui se nomme attendre ? J'ai toujours su qu'il n'était pas dans mon répertoire. Non, pas toujours, mais déjà su. Avant toute chose, tout événement. Avant même que le fils ne décide de se marier le jour anniversaire de la mort du père. Avant que les frères décident, ce jour même, de faire un tour obligé à l'endroit précis, aussi précis que possible, où le père a trouvé la mort quinze ans plus tôt. Je ne dis pas que c'est lié. Je ne dis pas que ça rendra à jamais inouï ce jour de la Sainte-Geneviève. Zéro trois. Zéro un. Utile pour dater, c'est tout ce qu'il en reste. Qui a dit événement ? M'échappent encore plus, les événements. Du coup, j'ai perdu ce qui s'appelle patience. C'est-à-dire perdu jusqu'à la faculté d'attendre quelque chose ou quelqu'un. Encore moins quelqu'un. Encore moins quelque chose de quelqu'un. Encore moins... Egale zéro au bout du compte. Utile pour dater. Zéro trois. Zéro un... Il va être une heure quelconque.

Et depuis quatre heures, l'aîné, le cadet et le benjamin trois manquent à l'appel et à la photo de groupe. Et le groupe attend qu'au moins celui des trois qui se dit le fiancé arrive pour qu'on lui fasse la peau sous prétexte de photo de famille, qu'on lui fasse la peau sous n'importe quel prétexte. Il faut bien un prétexte pour tuer. Je n'apprends rien.

Il y a quinze ans aujourd'hui, les fils ont trouvé le prétexte : le père était tout ce qui leur faisait honte. Avec son trop-plein de bière à partager, avec sa réputation de poète public à partager... Et puis il y avait son *mal*, ce qu'on a appelé *son mal* pour ne pas dire *maladie* : des paroles qui lui échappaient hors de propos. La honte, voilà le prétexte ! Ils disent *honte* pour ne pas dire quoi ? Pour ne pas dire que la gêne est la chose la mieux partagée au monde ?

Le père n'a jamais écrit de poème de sa vie. Il disait que tous ceux qui ont écrit depuis des siècles l'ont fait à sa place, et que lui se contentait de réciter. Il disait que réciter est un geste de reconnaissance, c'est fabriquer le catalogue illustré de tous ceux qui ont écrit à sa place. Il en avait, des idées : composer un ouvrage en forme de catalogue d'images préfabriquées que le client pourrait facilement assembler lui-même sous forme de poésie. Il en avait produit exactement dix-sept :

Une recette d'amour possible,
un modèle d'anecdote,
un dispensateur d'odeurs,
un manipulateur de distance,
un alibi réversible,
un extravertisseur à quatre touches numéroté de neuf cent nonante-trois à neuf cent nonante-sept,
un pistolet à sable fin,
trente centimètres carrés de nouvelle terre à emporter,
un porte-à-porte en guise de ballet facile à exécuter,
une petite maman portable,
un détonateur pathétique livré avec un modèle de question sans suite ou un modèle de question profonde...
J'en oublie deux ou trois.

Et tout le quartier disait *Mais c'est pas vrai, ce type, mais c'est pas vrai...*

Et je disais *Si on est dans la merde, c'est parce qu'on est né au mauvais moment du mauvais côté.*

Et le père disait *Si on est dans la merde, c'est parce que rien de ce que j'ai fait ne s'est vendu.*

La première fois que je l'ai rencontré, il m'a dit *Je n'aime pas le pétrole.* Je ne me suis pas méfiée. Pas de raison. Je n'attendais rien. J'ai compris plus tard ce qu'on a appelé son *mal* pour ne pas dire *maladie* : ces paroles qui pouvaient s'échapper de lui à n'importe quel moment du jour - uniquement le jour -, en n'importe quelle situation, *hors de propos* disait-on. Ces paroles aussitôt dites, aussitôt oubliées. Et il revenait dans la conversation. Parfois, il s'en allait à la suite de cette phrase échappée. Puis, quelqu'un le croisait et lui disait bonjour ; il répondait *C'est très instructif* et s'en allait à nouveau. Comme si son ventre digérait une parole sans fin et que, de temps en temps, il faisait un renvoi bruyant. C'est vrai qu'à un inconnu qui vous demande son chemin, on ne répond pas *Quel malheur, mes aïeux.* C'est ce qu'on a appelé son *mal* - hors de propos - pour ne pas penser à *maladie*.

5.

Et ils vécurent heureux entourés de beaux enfants. Ce n'est pas de moi. C'est du conte. A peine vivent les mariés que déjà heureux. A peine heureux que déjà vécurent... Rideau tombé, conte fini. Qu'on débarrasse et qu'on se dépêche. Les pleureuses ont déjà pris place derrière le rideau. On ne les verra peut-être jamais mais on les entend chanter la table des généalogies.

Engendra engendra engendra
Adam engendra
Seth engendra
Enosch engendra
Kenan engendra
Mahalaléel engendra

Jered engendra
Henoch engendra
Mehuschélah engendra
jusqu'à Noé engendra
Sem, Cham et Japhet engendrèrent, engendrèrent eux
aussi, engendrèrent sans cesse.

Dans une tribu lointaine - je ne sais plus qui m'a raconté - la coutume veut que lorsque l'enfant paraît, le cercle de famille n'applaudisse pas, mais joigne ses pleurs à ceux du bébé. Rien de plus monotone que les pleurs. Ça dit que le conte finit avec des enfants tirés au sort pour le récapituler. C'est-à-dire qu'il faut bien vivre, c'est-à-dire s'occuper... c'est-à-dire on s'échine, on s'évertue, on croit, on arrive, on fréquente, on ajuste, on réajuste, on répète, on se contente, on se joue, on s'inspire, on repère et on date, on date c'est-à-dire... on se la raconte.

C'est dire, à chaque tentative, je suis arrivée au monde. *Quand ?* n'est pas une question. Au commencement... je suis déjà arrivée. Ou encore : Il était une fois terminus. On se la raconte à quel futur - ça ira, ça ira ? Droit devant - ça ira, ça ira - vers un but - ça ira, ça ira... mais l'obstacle se répète au passé : vécurent... vécurent heureux... Et avant ? Et avant ? Obligée de l'accomplir cet oracle tout à l'envers ? Droit devant, tu parles. Accomplir, tu parles. Reconstituer, ça se pourrait. Jusqu'au jour où... *Me raconte pas ta vie !* Les fils ont dit au père *Raconte pas ta vie*, et il n'en est jamais revenu. Les fils ne voulaient pas entendre *Le conte est fini et je suis né*. Qui aime entendre ça ? Ils ont appelé ça la honte en partage. D'autres diront la peur, l'ennui, la solitude, le déshonneur. Il faut bien un prétexte pour se retourner et frapper. *Raconte pas ta vie*, on dit ça. Ce que racontait le père, ce n'était pas une vie, c'était une occupation.

6.

Je me lève. Je me retourne. Et je frappe. Je me lève. Je me retourne. Et je frappe. Je n'ai jamais connu ce geste. Je me lève. Je me retourne. Et je frappe, ou je pousse. Dans le vide ou à l'eau, pour voir. Je ne vois rien, je n'ai jamais tué personne. Je pense à toutes ces combinaisons de gestes qu'il ne m'est jamais arrivé de faire : je me lance, je me lance à la poursuite de quelqu'un qui court devant moi, et le monde est flou tout autour, les maisons et les arbres... Quelqu'un, à ce moment même peut crier *Arrête !* et je ne l'entendrai pas. Quelqu'un peut annoncer à tue-tête une grande nouvelle quelque part au monde... Moi, je cours comme une bête en chasse. Je cours, je rattrape et tue quelqu'un. Je fracasse le crâne à quelqu'un. Ou bien...

Je me baisse, je ramasse quelque chose en bois ou en métal, de préférence en métal, et je m'acharne sur quelqu'un à l'endroit précis où le sang coule plus vite. Ou bien...

Je vise, je lance et je fais mouche. Ou bien...
Je vise, je tire et je fais mouche. Ou bien...
Je pare, je vise et je frappe juste. Ou bien...
Je rends faible, j'ôte les forces et je laisse périr. Ou bien...

Je jette à bas ce qui est vertical. Ou bien. Ou bien. Ou bien je pense à toutes ces combinaisons de gestes qu'il ne m'est jamais arrivé de nommer. Les tueurs ne m'ont jamais intéressée. Les tueurs sont des gens trop sérieux pour m'intéresser. J'éteins la télévision avant la fin du film pour ne pas apprendre quand le masque sérieux du tueur révèle enfin le masque sérieux du bon voisin. Ou l'inverse. Jusqu'à ce jour du zéro trois, zéro un. Il y a quinze ans... Le père est tombé à l'eau, laissé aux poissons, ou poussé. Et les trois fils sont restés sur la berge à regarder leurs mains.

Je me suis mise en colère. C'est l'aîné qui a couru vers moi. Il a dit *décédé*, j'ai entendu *cédé*, ça m'a mis en colère. Décédé, c'est un mot qui s'écrit ; on dit *mort*.

Le fils n'a pas dit *mort*. Il a dit *glissé puis tombé*. Et...

Un jour passe et le cadet dit *J'aurais pu le sauver ?* Comme une phrase préparée à l'avance. Comme pour en arriver à dire autre chose. J'écoute, et deux jours passent, et le cadet et le benjamin et l'aîné disent *coulé à pic, coulé à pic*. Comme pour en arriver à dire autre chose.

Aucun masque n'est tombé.

Dans le bruit des machines et des autos sur la berge, les éclats de voix des plongeurs définitivement sortis de l'eau, et le murmure de l'annonceur de mauvaises nouvelles envoyé par la police pour me dire que *L'hypothèse de la mort est solide*, aucun masque n'est tombé.

Je me suis cachée avec les photos de famille. J'ai contemplé les fils à quatre mois, à un an, à tous les âges. Et ça tire la langue, ça porte chapeau et fait voler les pigeons. A qui ce bras dodu qui se plie ou se tord ? Salut d'une main gauche. Ces doigts sur le manche d'une guitare invisible. L'aîné à deux ans, accroupi dans l'herbe. Là, le cadet qui s'attrape les jambes. Là, c'est le benjamin... J'ai regardé leurs petits yeux, leurs petites mains. J'ai refait tous leurs gestes sur les photos. Aucun masque n'est tombé. Cette mort sortie de mon propre ventre, de l'endroit le plus familier de mon corps... On dit *familier* pour ne pas dire quoi ? J'ai cherché sur les photos le geste monstrueux, quelque chose qui l'annonce, et je n'ai rien vu nulle part. J'ai eu peur de tous les gestes. Tous les gestes faits de mains d'homme sont devenus menaçants. Mon visage s'est décomposé, et depuis, mon corps s'échappe dans le moindre geste. Alors, j'endigue, j'endigue. J'endigue chacun de mes gestes, c'est-à-dire je les appelle comme on invective. Je les nomme comme on ordonne *Couché ! Couché !*

C'est la première fois que je suis morte. Et j'endigue toujours. C'est-à-dire que je parle, que je parle et que là... J'arrête.

7.

J'ai longtemps gardé le silence des fils. Comme pour en arriver à dire autre chose. A dire *Pourquoi moi ? ...* "Pourquoi moi ?" n'est pas une question quand la question est de prouver son innocence. Cette mort est sortie de mon ventre et a atteint le père. Je n'ai pas d'alibi.

Zéro trois. Zéro un. Encore un anniversaire. L'aîné se tient devant moi. *Penser à quelque chose et ne pas le faire, ce n'est pas bien.* Alors, on le fait, son pèlerinage. L'eau est toujours la même. Rien ne s'est passé, ou tout se passe comme ça. L'année d'après, même chose. Même chose pour l'eau, même chose pour le pèlerinage, même chose pour rien. Même date qu'aujourd'hui. Ainsi de suite. Même chose pour les arbres. Même chose pour la route, qui fait courbe à l'endroit où on aperçoit l'eau. Même accélération à ce moment comme pour tenter le coup du dernier geste. ... Comme si on pouvait en être sûr, du dernier geste... Faire pèlerinage chaque année comme pour en arriver à faire autre chose un beau jour enfin, un beau jour de mariage, de préférence aujourd'hui. Dernière accélération, dernier sacrifice humain. *Dernier*, c'est ce qu'on dit. Le conte recommence déjà, à peine fini...

8.

Le premier qui me dit *Ne me raconte pas ta vie* n'aura rien raté de la fin. Je me tiens exactement là où finit le conte. Là où commence la table des généalogies. C'est là où je me retrouve dans mon corps d'enfant qui est venu au monde, à qui on a donné un nom, et même un petit nom. Comme à tout le monde. Et comme à tout le monde, on m'a donné la dernière phrase du scénario, le fin mot d'une vieille histoire, peut-être morte, un oracle au passé : *Et ils vécurent.*

Depuis, je reconstitue. J'ai reconstitué avec des jouets. J'ai reconstitué avec des outils. Ce qui s'appelle une biographie. *Se réaliser*, on dit. C'est-à-dire on s'échine, on s'évertue, on croit, on arrive, on fréquente, on ajuste, on réajuste, on répète, on se contente, on se joue, on s'inspire, on repère et on date, on date c'est-à-dire on s'occupe. J'ai fait comme tout le monde. Comme Monsieur Ovidio qui relit sans cesse la dernière phrase de ses mémoires : *Réveillez-vous, les enfants ! Nous avons enfin ruiné le marchand de sable.* Point. Et qui tremble après ça parce qu'il ne sait pas comment remplir les pointillés qui ont déjà précédé. Et chaque geste est un point qui en chasse un autre. Et...

Musique.

Engendra engendra engendra
Adam engendra Seth
Seth engendra Enosch

Conclusion ? Conclusion n'est pas la question.

Engendra
Kenan engendra
Mahalaléel engendra
Jered engendra
Henoch engendra
Mehuschélah engendra
jusqu'à Noé engendra
Sem, Cham et Japhet engendrèrent, engendrèrent eux aussi, engendrèrent sans cesse.

Ça dit qu'un oracle encore illisible se cache sous la table des généalogies, illisible dans les yeux, illisible dans le catalogue des gestes, l'album photo de famille, les annales de l'état civil, sur le front des astrologues... Et ça fait partout des pointillés dans le corps d'un vaste récit qui ne sait pas finir. Dans mon propre corps qui ne sait pas se tenir. Je ne raconte pas ma vie. Personne n'y est jamais arrivé. Personne ne sait faire ça. Je récapitule mon corps, tête, épaules, jambes et pieds... Pour le sauver du geste inutile, celui qu'on dit malheureux. Je fais mon autoportrait sous surveillance. Clic clac et flash et tête... Clic clac et flash. Et tête...

Ma tête... Où est ma tête ? ... Ça, ma tête ? Ça, mes pieds ? ... Où, mes pieds ? Où, mon tronc ? ... Et ça, qu'est-ce que c'est que ça ? ... Où, ma main ? Où, mes cinq doigts ? Où, le petit bonhomme qui mon gros pouce se nomme ? ...

C'est donc ça, si l'on veut. Je suis morte. C'est un geste qui m'a échappé. Peut-être même depuis longtemps. Une voix, à mon insu... Depuis longtemps, je ne serais rien d'autre qu'une voix dans le chœur des pleureuses, et je n'en ai rien su ? J'ai encore raté le début. Difficile de récapituler les gestes qu'on n'a pas faits. C'est-à-dire, on ne s'échine pas, on ne s'évertue pas, on ne croit pas, on n'arrive pas, on n'ajuste pas, on ne réajuste pas, on ne répète pas, on ne se contente pas, on ne se joue pas, on ne repère pas, on ne date pas, on ne se refait pas, on ne réalise pas, on laisse couler... C'est-à-dire encore, on s'occupe. A quoi ?...

A toutes fins utiles.

A toutes fins utiles.

Noir

Démocratie mosaïque 1 (Onze auteurs francophones) - Résultat d'un concours d'écriture, cet ouvrage regroupe douze pièces courtes, originales et inédites, à lire et surtout à jouer. (133)

Des Oh et des Ah (Markus Kägi / traduit de l'allemand) - Deux vieux se retrouvent à la piscine. Ils observent, commentent, s'affrontent, refont le monde dans un joyeux et trivial méli-mélo où il est à la fois question de la vie, de la mort, des désirs, du sexe... (104)

Ecrit au coeur de la nuit (Emilio Carballido / traduit du mexicain) - Mexico, 1991. Trois générations cohabitent dans une maison coloniale découpée en appartements. Face aux difficultés financières croissantes, il a fallu sous-louer une soupente. Et Isabel débarque... (71)

Einstein (Ron Elisha / traduit de l'australien) - A l'heure de la mort, Einstein sombre dans le doute et dialogue avec ses voix intérieures qui dressent le bilan contradictoire d'une vie bien remplie. (118)

Enseigneur (l') (Jean-Pierre Dopagne) - Comment peut-on être "prof" quand les règles du jeu n'existent plus ? Bien plus qu'un règlement de compte avec l'école - et le théâtre ! (88)

Filles du 5-10-15¢ (les) (Abla Farhoud) - Deux adolescentes, dont la famille a quitté le Liban pour s'enraciner au Québec, végètent dans un magasin de quartier. L'aînée supporte, la plus jeune pas... (45)

Fils de l'amertume (les) (Slimane Benaïssa) - Dans l'Algérie d'aujourd'hui, les repères se sont effondrés. Le journaliste est menacé de mort pour délit de vérité ; le fils se détourne du père pour suivre ses "frères" de haine... et la mort frappe au nom de Dieu. (175)

Inaccessibles amours (Paul Emond) - Coincé entre une mère possessive et le souvenir d'un amour raté, le boucher Caracala noie sa mélancolie dans un flot de paroles et quelques verres de bière... Ce n'est pas parce qu'on est seul qu'on n'a pas soif ! (76)

Jeu du mort (le) (Francis Parisot) - Un jeune homme, au bord du suicide, rencontre un savant qui lui achète sa vie... pour meubler celle de son épouse. Un étrange jeu de mort... (50)

Les jours se traînent, les nuits aussi (Léandre-Alain Baker) - Un homme en quête de sérénité débarque dans l'appartement d'un couple au bord de la déchirure. Humour, émotion et absurde. (62)

Malaga (Paul Emond) - Deux hommes et deux femmes, bloqués un soir dans une gare de province par une grève des trains. Toute la comédie humaine à l'échelle d'une micro-société pourtant insignifiante : rancoeurs, tendresses, désirs et répulsions. (76)

Maman est morte (Nathalie Saugeon) - Colin s'est tiré une balle dans la tête au départ de celle qu'il aimait. Il est aveugle et vit avec sa soeur Julie... Une comédie intelligente, profonde et ambiguë. (173)

Mangeuses de chocolat (les) (Philippe Blasband) - Dans ce groupe de thérapie où elles devaient soigner leur "chocolatodépendance", elles s'affrontent. La thérapeute assiste, impuissante, à une véritable mutinerie qui remet singulièrement son rôle en question. (167)

Mario, va ouvrir, on a sonné (Kamagurka / traduit du néerlandais) -
Mario et Rosa attendent un enfant. Autour d'eux s'agitent des
personnages tendres et fous dans une sorte de ballet débridé dont
l'humour trivial cache mal les questions existentielles. (154)

Minute anacoustique (la) (Paul Pourveur) - Rien n'est prêt pour le
spectacle. L'Acteur et l'Actrice se retrouvent donc dans une
embarrassante situation. Heureusement, pour le Technicien, tout est
relatif, surtout le temps... (164)

Misère (Thierry Nlandu) - Trois clochards se penchent avec un humour
irrévérencieux sur la dépouille d'une société où tout s'achète et où il ne
reste au peuple que la dérision pour survivre. (85)

Monsieur Schpill et monsieur Tippeton (Gilles Ségal) MOLIÈRE 96 du
meilleur texte (et spectacle) - Bruits de sirènes, canonnades... Un clown
et un nain répètent inlassablement leur numéro, en remplaçant tous
ceux qui ont été emportés dans la tourmente pour un voyage sans
retour, au nom de l'ordre et de la pureté de la race. (138)

Moscou nuit blanche (Thierry Debroux) - Dans un hôtel, au coeur de
la Russie d'aujourd'hui, se croisent hommes d'affaires, prostituées,
mythomanes, écrivains et journalistes en mal d'inspiration... (135)

Nuit Blanche (Mama Keïta) - Dans un quartier sinistre, ils attendent
désespérément le dernier bus. Elle est fille du trottoir ; lui enfant de la
lointaine Afrique... (129)

Orphelinat (l') (Christian Rullier) - Un dictateur en fuite, sa femme et
leur garde du corps trouvent refuge dans un orphelinat misérable dirigé
par un pasteur alcoolique... (139)

Un homme ordinaire pour quatre femmes particulières (Slimane
Benaïssa) - Fatiha, Alice, Denise et Antoinette ont toutes quatre
éprouvé quelques instants trompeurs de bonheur... avant d'être
confrontées à la violence ordinaire au sein du couple. (177)

Une heure avant la mort de mon frère (Daniel Keene / traduit de
l'australien) - Dans le parloir d'une prison, Sally rend une ultime visite
à son frère condamné à être pendu. Un texte bouleversant, plongeant
ses racines dans les stigmates d'une enfance brisée. (117)

◆

Catalogue détaillé et sélections sur simple demande

Editions Lansman

63, rue Royale B-7141 Carnières-Morlanwelz (Belgique)
Téléphone (32-64) 44 75 11 - Fax/Télécopie (32-64) 44 31 02
E-mail : lansman.promthea@gate71.be
http://www.gate71.be/~lansman

Nouvelles écritures 2
**est le deux cent quinzième ouvrage
publié aux éditions Lansman
et le quarantième
de la collection "Nocturnes Théâtre"**

320 FB - 55 FF
(Toutes taxes comprises)
ISBN 2-87282-214-3

Diffusion et/ou distribution au 1/3/98
Contacter l'éditeur
Vente en librairie et par correspondance

Les éditions Lansman bénéficient du soutien
de la Communauté Française de Belgique
(Direction du Livre et des Lettres),
de l'Asbl Promotion Théâtre et de la

*Société des Auteurs
et Compositeurs Dramatiques*

Achevé d'imprimer par l'imprimerie Daune à Morlanwelz
Dépôt légal : mars 1998